아기 스머프를 찾아라!

파파 스머프 가라사대

파파 스머프는 참 지혜로우세요. 하지만 마법력은 내가 훨씬 더 세죠.

원작 피에르 컬리포드(Pierre Culliford)

필명은 페요(Peyo). 어린 시절 사촌이 '피에르'를 제대로 발음하지 못해서 '페요'로 부르던 것을 필명으로 삼았다. 1928년 벨기에 출생. 10대 시절, 나치 점령기에 영화관에서 영사 기사로 일했는데, 독일 선전부의 까다로운 검열로 싫증나는 영화들만 보는 와중에 〈로빈 후드의 모험〉과 〈백설 공주와 일곱 난쟁이〉에 심취했다. 그래서 전쟁이 끝나자 일러스트 공부를 시작, 이때 파트너 작가 이반 델포르트(Yvan Delporte)를 만나서 로빈 후드 풍의 중세 모험담 만화 〈요한 Johan〉(1947년)을 만들며 〈요한과 피위〉 시리즈를 탄생시켰다. 피위는 〈바위 숲의 꼬마 도깨비〉(1954년) 편에 조연 캐릭터로 등장시킨 꼬마 익살꾼이다. 그러다가 아홉 번째 에피소드인 〈구멍이 여섯 개 나 있는 플루트〉(1958년) 편에 '저주받은 땅에 사는 신비로운 꼬마 요정, 스머프'를 등장시켰는데, 본 캐릭터를 능가하는 인기를 끌면서 다음 에피소드에 연이어 등장했다. 결국 이듬해에 〈개구쟁이 스머프〉(1959년) 시리즈가 새롭게 시작되어 오늘날까지 전 세계적인 사랑을 받게 되었다. 2008년 벨기에 정부는 스머프 탄생 50주년을 기념해서 스머프 캐릭터가 새겨진 5유로 동전을 제작했다.

© Peyo – 2020 – Licensed through I.M.P.S. (Brussels) – www.smurf.com

Korean translation copyright©2020 by MIRBOOK COMPANY

이 책의 한국어판 저작권은 아시아나 에이전시를 통해 저작권자와 독점 계약한 미르북컴퍼니에 있습니다
저작권법에 의해 한국 내에서 보호를 받는 저작물이므로 무단 전재와 무단 복제를 금합니다.

아기 스머프를 찾아라!

파파 스머프 가라사대

더모던
Themodern L

하모니 스머프
내 연주를 들어 볼래?
"삑!" 이런, 또 음 이탈이 났네.
손에서 트럼펫을 놓질 않고
연습하는데 정말 속상해.

만능이 스머프
난 파란 작업복을 입고
귀에 연필을 꽂고 다녀.
설계도를 그려서 무엇이든 만들지.

아기 스머프
난 딸랑이 없이는
아무 데도 가지 않아요.
내가 너무 작고 귀여워서
잘 안 보이면 딸랑이를 찾으세요!

타잔 스머프
"아~ 아아~~!"
난 나뭇잎 모자에 샅바 차림이야.
나무를 타려면 가벼워야 하거든.

시인
난 깃털 펜을 들고 있어.
시상이 떠오르면
바로 받아 적어야 하거든!

스머페트
가가멜이 '차가운 심장'을
넣어서 날 만들었지만,
진짜 스머프가 되면서
따뜻하고 행복한 마음을 갖게 됐어.
이 예쁜 머리카락과 드레스 좀 봐!

익살이 스머프
"얘들아, 이거 내 선물이니까 받아."
히히, 폭탄 선물 상자가 "펑" 터질 때
깜짝 놀라는 표정들이
얼마나 재밌는지 몰라!

똘똘이 스머프
뭐든지 궁금한 게 있으면 말이야,
이 척척박사 똘똘이를 찾아오라고!
렌즈 닦을 때 말고는 늘 안경을
쓰니까, 찾기 쉬울 거야.

꼬마 스머프들

자연이
농부 스머프랑 헷갈려요?
밀짚모자만 보니까 그렇죠.
난 맨발이에요!
애벌레와 함께 있고요.

껑충이
난 번개 무늬의 노랑 티셔츠를 입어요.
음, 그게 말이죠. 내 성격과도 잘 맞대요.
성격도 급해서 자주 욱하거든요.

사세트
난 분홍색을
정말정말정말 사랑하는,
명랑한 말괄량이 꼬마 아가씨예요!

졸음이
게으른 게 아니라 졸린 거예……
흠냐, 아, 깜박 졸았어요.
네? 모자까지 졸려 보인다고요?

스머프
스머프들은 다들
흰 모자에 흰 바지 차림이야.
좀…… 구별하기 어렵지? 그러니까
각자의 특징들을 잘 기억해야 해.

허영이 스머프
"거울아 거울아,
내 모자에 분홍 꽃인들 안 어울리겠니?"
아유 참, 거울에서 눈을 뗄 수가 없네.

욕심이 스머프
난 먹는 게 제일 좋아!
그래서 절대로 음식을 남기지 않지.
그리고 세상엔 맛있는 게 너무 많아!

요리사 스머프
최고의 셰프라면 항상
모자와 앞치마를 갖춰 입어야지.
이 컵케이크 한번 먹어 볼래?

농부 스머프
난 향긋한 흙 내음이 좋아!
그래서 정원에서 채소를 가꾸지.
밀짚모자와 부츠는 목욕할 때만 벗어.

화가 스머프
이 나비 넥타이 어떠니?
내 그림은?
정말 예술적이지? 그렇지?

게으름이 스머프
"하아~ 암!" 베개를 들고 다녀야,
틈이 날 때 곧바로 잠들 수 있어.
난 자고 있을 테니까, 절대로 깨우지 마!

꿈돌이 스머프
우주에 가 본 사람? 나야, 나!
스웁프들을 본 사람? 나야, 나!
이 우주복과 헬멧이면, 이륙 준비 완료!

근육이 스머프
팔뚝의 하트 보여?
친구들의 힘든 일을
앞장서서 돕는 내 마음이야.
어때, 멋지지?

파파 스머프
에헴, 나는 542살,
이 마을의 최고 어른이란다.
문제가 생기면 언제든
빨강 모자와 흰 턱수염을 찾아오너라.

투덜이 스머프
재밌는 거 싫어!
재미 없는 것도 싫어!
뭐든 다 싫은 나도 싫어!

실패는 당연한 거야

밭의 채소들 좀 보세요! 당근은 키보다 크고, 호박은 집채만 해요.
파파 스머프의 비료를 뿌렸거든요. 하지만 사실 그걸 만드는 데 오래 걸렸어요.
"얘들아, 나처럼 542년이나 실험을 해 온 과학자도 늘 실패한단다.
하나의 실험이 성공하려면, 수많은 노력과 실패가 있기 마련이야."

장점을 칭찬해 주렴

"주책이는 덤벙대고, 꿈돌이는 허황되고, 게으름이는 이기적이고, 만능이는 잘난 체하고…… 쟤들은 단점 투성이에요, 파파 스머프. 정말 한심하다고요."
"똘똘아, 세상 어디에도 완벽한 스머프는 없단다. 네가 친구의 단점만 본다면 외톨이가 될 거야. 단점을 지적하기보다 장점을 칭찬해 주는 습관을 기르렴."

마법서 도서관

"파파 스머프는 어떻게 모든 해답을 알고 계세요? 가가멜과 아즈라엘, 호가타, 발타자르, 모데인, 고블린, 도깨비까지, 어떤 악당도 다 물리치시잖아요!"
"그렇지 않아, 얘들아. 나도 모르는 게 아주 많단다. 모든 해답을 알고 있는 건 내가 아니라 책이야. 언제든 책을 들추면 마법처럼 해답이 나타날 게다."

스머프답게, 나답게

오랜만의 소풍! 야호~ 모든 스머프들이 웃고 있네요. 투덜이 스머프만 빼고!
"파파 스머프, 전 기분이 좋지 않아요. 전 왜 스머프답게 명랑하지 못할까요?"
"억지로 기분좋은 척 밝게 보이려고 해서 더 그런 것 같구나. 긍정적인 마음은 물론 중요하지만, 너무 힘들다면 너답게 살아도 괜찮은 거란다."

당연한 건 없어

성대한 축제가 열렸어! 빙글빙글 회전목마, 흥겨운 마리아치, 롤러코스터, 폭죽 쇼, 캠프파이어…… 하지만 요리사는 우울했어. 친구들을 위해서 밤낮으로 케이크를 구웠는데, 다들 케이크가 떨어지면 불평할 뿐 고마워하지 않았거든.
"당연한 건 없어. 모든 게 누군가가 노력한 결과란다. 진심으로 감사해야 해."

얼음산 오르는 길

파파 스머프가 눈길에 미끄러져서 발을 다치셨어. 눈꽃가루를 뿌려야 낫는데, 얼음산 정상에 피는 눈꽃에서 1년에 딱 1번만 얻을 수 있는 귀한 거야. 다들 파파 스머프를 위해 추위를 꾹 참고 얼음산 등반에 나섰는데…… 재밌잖아?
"알겠지? 어렵게 목표를 향해 가는 과정에서 더 큰 기쁨을 얻을 수 있단다."

할 일을 미룬 대가

"큰일이야, 댐이 무너졌다! 급류가 몰려오고 있어! 어서 다들 피해!"
"아니, 얘들아, 댐 수리가 끝났다고 말하지 않았니? 이게 어떻게 된 일이냐?"
"저기, 그게요, 파파 스머프……." 스머프들은 아무 말도 할 수 없었어.
다들 자신이 맡은 일을 만만이 스머프에게 미루고 신나게 놀고 있었거든.

거절해도 괜찮아

"전 거절을 못 해요. 싫어도 싫다고 말을 못 해요. 전 대체 뭐가 문제일까요?"
"만만아, 친구의 부탁을 모두 들어주는 게 좋은 친구가 아니야. 정말 싫으면 싫다고 말해도 괜찮아. 너희도 앞으로는 해야 할 일을 남에게 떠넘기지 말거라."
스머프들은 만만이에게 사과했어요. 그리고 다 함께 신나게 뛰어놀았답니다.

보물섬의 바다

먼 옛날부터 바다의 해적들은 금은보화를 빼앗아 무인도에 숨겨 놓곤 했거든. 해적선이 침몰하면 보물도 잊혀졌던 거야! 당장 보물섬을 찾으러 떠나자!
"그럼 큰 바다로 나가야겠지. '해'가 붙은 곳들 말이다. 동해, 서해, 남해……. 어마어마하게 큰 바다도 있단다. '양'을 붙이는 태평양, 대서양, 인도양……."

산불이 지나간 후

스머프 산에 산불이 났어! 동물 친구들이 헐레벌떡 불을 피해 도망가고 있어. 엇, 불길이 벌써 스머프 마을 코앞까지 왔네! 큰일이야, 다들 어서 피해야 해! 다행히 파파 스머프의 마법으로 산불을 끌 수 있었어. 그런데 그날부터 겁쟁이 스머프가 이상해. 밤에도 잠들지 못하고, 밥도 먹질 못하는 거야.

겁내는 걸 겁내지 마!

"파파 스머프, 저, 저, 저는 왜 이렇게 무, 무, 무서운 게 많을까요? 치, 치, 친구들은 쉬, 쉬, 쉽게 극복하고 요, 용감한데 왜 저는 아, 아, 안 될까요?"

"겁쟁아, 누구나 겁이 날 때가 있어. 저마다 무서워하는 게 있는 법이니까. 그냥 겁내도 괜찮아. 겁내는 걸 겁내지 마! 누구나 그럴 때가 있단다."

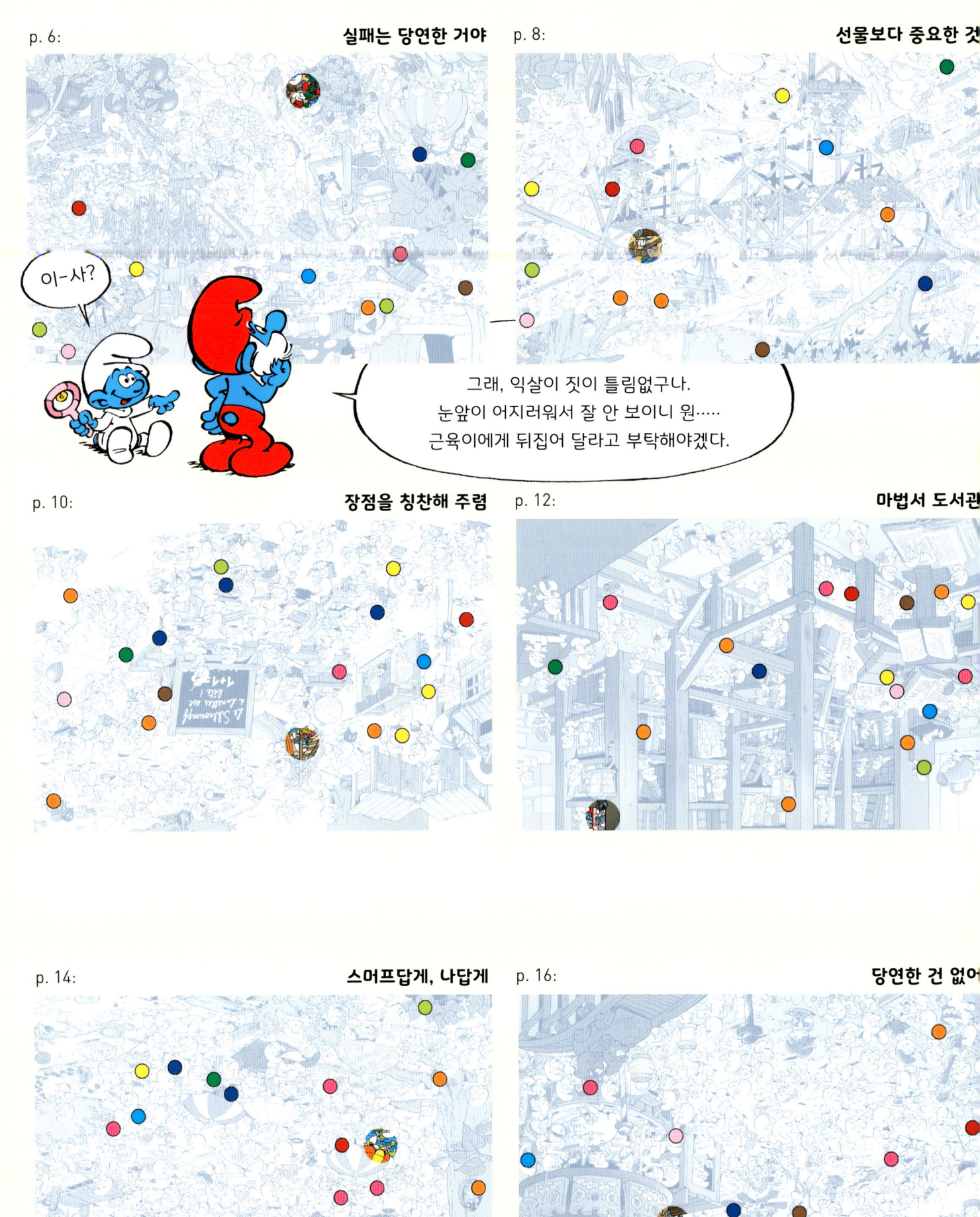

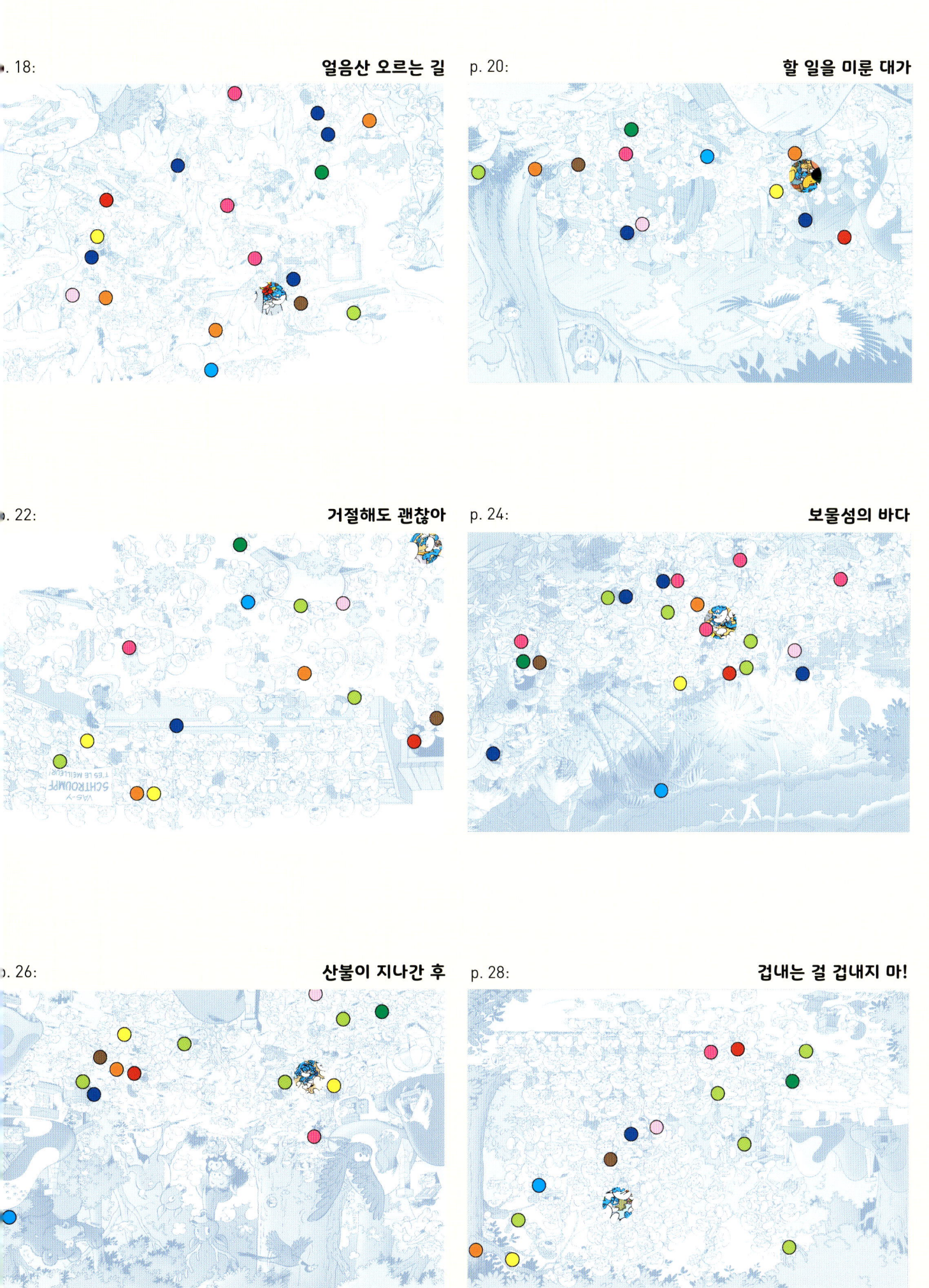

THE SMURFS

아기 스머프를 찾아라!

파파 스머프 가라사대

초판 1쇄 2020년 12월 25일

원작　　피에르 컬리포드(페요)
각색　　더모던 편집부

펴낸곳　더모던
전화　　02-3141-4421
팩스　　02-3141-4428
등록　　2012년 3월 16일(제313-2012-81호)
주소　　서울시 마포구 성미산로32길 12, 2층 (우 03983)
전자우편 sanhonjinju@naver.com
카페　　cafe.naver.com/mirbookcompany

ISBN 979-11-6445-358-0 77840

* 파본은 책을 구입하신 서점에서 교환해 드립니다.
* 책값은 뒤표지에 있습니다.